AF338536

RÉSULTAT DE MON EXPÉRIENCE

RÉFLEXIONS

D'UN BON CITOYEN-PAYSAN

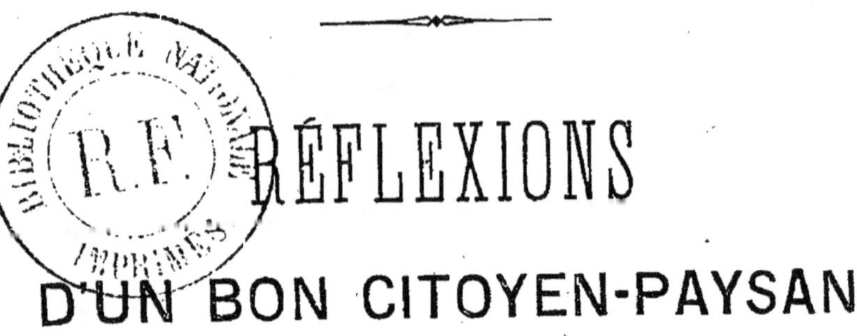

> Les guerres et les révolutions ne sont que pour servir le principe des souverains et leurs ambitieux courtisans.
>
> La cause des peuples est le gouvernement du pays par le pays ou les principes d'une République. — FONDARY-JOUBERTON.

PRIX : 1 franc.

DEMANDER A TOUS LES LIBRAIRES OU CHEZ L'AUTEUR

Rue Gonod, n° 6.

A CLERMONT-FERRAND

RÉFLEXIONS

D'UN BON CITOYEN-PAYSAN.

Depuis 22 ans, j'ai quitté les champs et les vignes où je travaillais de l'aube à la nuit ; en été, sous le soleil le plus ardent ; en hiver, à toutes les rigueurs du froid des montagnes, qui avoisinent le pays où je suis né.

J'ai enduré, comme vous, toutes les rigueurs des temps, ce qui m'a permis d'apprécier la part de gloire que vous apportez, par vos durs travaux, à la cause commune de la mère-patrie, puisque tout le genre humain, depuis le plus grand des potentats jusqu'au plus humble des prolétaires, est nourri par votre production. J'ai mûrement réfléchi sur les souffrances que vous endurez, sur vos aspirations et sur ce que vous avez le droit d'exiger de nos gouvernants, depuis le plus pauvre jusqu'au plus riche des paysans, comme aussi, depuis le plus pauvre des ouvriers jusqu'au plus riche des négociants. Aujourdhui que le peuple français vient d'endurer toutes les tortures que peuvent infliger des soldats barbares, qui se sont trouvés dans l'armée du vainqueur, chaque citoyen devrait étudier sérieusement toutes les fautes du gouvernement et des généraux qui nous ont précipités dans le désarroi où nous sommes. Aidé par son bon sens naturel, en même

temps que par les arguments que donne l'histoire, il ne
tarderait pas à reconnaître que, depuis la belle révolution du 4 septembre 1870 où le peuple s'est éveillé de
nouveau, les uns ont voulu reconquérir les droits perdus
en 1789, les autres ont voulu reprendre ceux que leur
avait procurés la révolution de 1793, ce qui a occasionné
des divisions entre les citoyens et servi la cause de nos
ennemis, des souverains et de leurs ambitieux courtisans.
C'est pourquoi, il est du devoir de tout citoyen français d'abandonner ses haines réciproques de tous les
partis et de ne s'occuper que de l'instruction du peuple
ignorant, des villes et campagnes, afin que chaque citoyen des partis, qui sont en guerre continuelle, fasse
sortir son opinion politique sur ce qui se déroule au
milieu de nous, seul moyen d'arriver, par la libre discussion de la liberté de nos droits, à ce que les enfants de la
France et des nations étrangères puissent comprendre
l'honneur et le devoir qui leur est imposé par la loi de la
création.

Avant d'entrer dans les détails de mes réflexions,
théoriques et pratiques, permettez-moi de vous dire que
ce que j'ai l'honneur de soumettre à votre juste appré-
ciation, n'est que mon opinion personnelle, inspirée par
les principes d'ordre, de liberté et de charité que j'ai reçus
dans mon enfance, lesquels principes se sont développés
par suite de mes souffrances morales et de celles que j'ai
pu constater moi-même à l'intérieur des ménages malheureux qui habitent ses champs et ses ateliers et, par
mes discussions politiques avec les ouvriers des campagnes et des villes, il m'a été permis d'apprécier que les
ouvriers instruits étaient en communauté d'idées avec
moi, parce que j'avais affaire à des citoyens, qui ont pour
guide la loi de la logique et de la raison ; mais, lorsque

je me suis trouvé avec des ouvriers et paysans ignorant l'histoire politique des nations, soit des villes ou des campagnes, il était très-difficile de s'entendre, par la seule raison qu'ils ne connaissent pas l'histoire politique des souverains et qu'on ne peut leur imputer cette faute qu'à un manque d'instruction.

J'ai remarqué que l'ouvrier instruit, honnête et laborieux, admet les principes de 1789, qui sont la liberté, l'ordre, la justice et la charité.

L'ouvrier ignorant est aussi honnête et travailleur, mais il est conduit par l'indifférence de ce qui se passe au loin de lui ; et, un grand nombre, lorsqu'ils sont sans travail, par les principes démagogiques de 1793 ; et cela sans comprendre ce que veut dire démagogie ; comme certaines personnes ont voté pour le OUI du plébiscite, sans savoir ce que voulait dire plébiscite et, par conséquent, sans avoir compris les avantages ou désavantages de la Constitution proposée, ce qui doit nous faire apprécier que les travailleurs des villes et des campagnes, qui ont la réputation de démagogues, ne sont pas aussi coupables qu'on veut bien le dire et que nous ne pouvons considérer cette faute qu'à un manque d'instruction auquel il faut remédier par tous les moyens possibles, afin que cet honnête travailleur puisse avoir discernement et savoir ce qu'il fait quand il va au vote pour exprimer son opinion, qui doit être l'expression de sa conscience et non celle de l'influence d'un autre citoyen ; comme aussi, lorsque cet ouvrier malheureux, sans aucune instruction, a toute sa famille réduite à la misère, par suite du manque de travail, nous devrions avoir assez de discernement pour comprendre qu'il ne peut être porté qu'à la haine de celui qui est riche et qui, par ses droits légaux de propriétaire, fait expulser cet ouvrier malheureux habitant sa maison, sans avoir égard á ses lourdes charges et à la grande pénurie des affaires; d'où il en résulte que si le propriétaire consultait un peu sa conscience, il verrait que c'est toute une famille qu'il réduit à la misère et, pour quelle puisse trouver à se loger ailleurs, il lui est très-difficile par suite des mauvais renseignements que donne son mandataire le concierge, ce qui ne peut faire autrement que de le conduire à des mots déplacés contre les propriétaires et tous les gens riches, surtout dans les grandes villes où les propriétaires et concierges n'agissent pas toujours avec les principes de loyauté, justice, raison et charité et ce qui fait surnommer ces malheureux ouvriers des démagogues; tandis que, pour moi, ce n'est que le manque de savoir joint à la misère, qui est cause de la haine du pauvre contre les gens riches et qui est elle-même la frayeur de certains citoyens et, pour preuve, voyez dans les campagnes où tout le monde connaît ce qui ce passe chez autrui, vous avez les gens charitables qui viennent en aide aux malheureux et vous y trouvez bien peu de démagogie, ce qui doit convaincre les honnêtes citoyens qu'ils n'ont pas à s'effrayer des démagogues ; seulement, ce qu'il y a à redouter, c'est que, dans les moments des révolutions, les capitalistes négociants n'osent pas aventurer leurs capitaux et ne font pas travailler, ce qui engendre la misère et ce qui est le cas d'appliquer un vieux proverbe que lorsque les loups ne trouvent plus la pâture dans les bois, par suite de l'abondance des neiges, la faim les oblige d'en sortir et de s'exposer aux coups de fusil afin de chercher et prendre la nourriture partout où ils peuvent en trouver ; c'est alors que la majeure partie de la populace, qui se trouve à peu près dans le même cas et qui n'a pas du pain pour donner à ses enfants, tout en étant composés d'honnêtes travailleurs, par leur manque d'instruction, ne peuvent faire autrement que de donner raison aux voleurs et aux émissaires des partis déchus qui profanent le titre de républicain ; ces deux dernières castes sont les hommes dont il faut se méfier : 1° Les voleurs qui ne demandent que le désordre pour arriver à pouvoir voler à leur aise sans que la loi puisse les atteindre ; 2° les émissaires des partis déchus ou prétendants au trône qui ont l'habitude de se servir de toutes les ruses possibles pour amener le désosdre afin de fatiguer les honnêtes citoyens du principe de la République et même jusqu'à promettre, sous leur nom de républicain, ce qu'ils savent ne jamais pouvoir donner au peuple, se servant ainsi de certaines expressions grossières, contre ce qui existe, qu'ils ne toléreraient pas à leurs enfants dans leur intérieur de famille, ainsi que nous l'avons vu cette année et celle écoulée dans certaines réunions publiques et certains journaux incendiaires de Paris et la province et, pour vous en donner une preuve bien évidente que le peuple est souvent abusé par ces soit-disants républicains, vous n'avez qu'à regarder les arguments des journaux qui étaient les idoles d'une certaine partie du peuple au moment des élections du plébiscite et les regarder au moment où la guerre a été déclarée contre l'ambition d'une famille conquérante, ainsi que cela a été démontré par la conduite de la Prusse, depuis la conquête du Danemark jusqu'à l'entrevue de Ferrières, vous y verrez qu'ils admettaient à ce que les démocrates prussiens se joignissent à leurs drapeaux, tandis qu'en France ils auraient bien admis à ce que les démocrates français se joignent aux descendants de ceux qui ont vendu notre chère patrie en 1815 et qui viennent encore de la vendre en 1870-1871 ; surtout que nous devons remarquer que, comme l'argent et l'instruction ne leur manquent pas, ils arrivent à obtenir une grande influence sur une quantité d'ouvriers et, principalement, sur toutes ces pauvres malheureuses classes de démagogues qui, pour moi, ne demandent autre chose que du travail pour subvenir aux premiers besoins de leur famille et, la preuve en est que lorsque le commerce fait fleurir le travail, ils s'occupent de l'atelier et du marchand de vins et non des causes politiques; c'est pourquoi, je puis vous affirmer avec une conviction qui n'a jamais changée et qui vient de plus en plus forte confirmer mes opinions que nous pouvons arriver, insensiblement, à transformer la société, représentée par quatre parties politiques contradictoires qui sont les partisans des Henriquinquistes, Orléanistes, Bonapartistes et Républicains, par l'ordre, l'instruction, le calme et la libre discussion de la liberté de nos droits, ce qui ne peut faire autrement que de nous conduire à la vraie cause des peuples, qui est le gouvernement du pays par le pays ou les principes d'une République; commé aussi, nous ne devons pas oublier que nous avons en France trois sortes de religions qui engendrent des divisions entre les citoyens de la mère-patrie, ce sont les religions d'Israël, qui est la mère de la catholique et celle des protestants qui est la fille des autres deux.

Je dois aussi vous faire observer que j'ai entendu de mes propres oreilles, des parents et amis, habitant les campagnes et les villes, qui avaient peur et qui sont encore sous cette triste impression du partage de la propriété qu'ils ont acquise à la sueur de leur front; je leur ai répondu qu'en 1793 la propriété appartenait à des conquérants ou à leurs courtisans, ce qui n'était que le droit du propriétaire par la force des armes; mais aujourd'hui que la propriété est morcelée et qu'elle appartient légalement à son propriétaire, ce sont des craintes chiméri-

ques, il ne peut y avoir que des émissaires des prétendants
au trône, qui puissent vous faire ces frayeurs par l'intermédiaire de certaines classes qui ne savent pas ce qu'elles
font ; la preuve en est dans les Républiques de la Suisse
et de l'Amérique où la propriété est toute aussi bien res-
pectée qu'en France et, si ces hommes, qui font de pa-
reilles menaces, venaient à insulter d'honnêtes citoyens,
le peuple doit les mépriser et les livrer à la justice répu-
blicaine qui saura les punir selon leur culpabilité.

Un grand nombre de paysans me répondront qu'ils
sont bien indifférents à la cause de la République, de la
Royauté et de l'Empire, que ce qu'ils demandent seulement, c'est le travail, l'ordre et la liberté, l'écoulement de
leur production à de bons prix, l'allégement des impositions, le droit de nommer leur maire, qui n'est pas selon
la volonté de la masse et ce qui engendre des divisions à
la Commune ; l'achat de ce qu'ils ont besoin, *qui est four-
ni par les commerçants et par la main-d'œuvre des travailleurs des ateliers ou tous autres genres d'industrie ,*
leur soient fournis dans les conditions les plus avanta-
geuses ; que leurs enfants, qu'ils ont eu tant de peines
à élever jusqu'à l'âge de vingt ans, restent avec eux
pour subvenir aux besoins de l'agriculture, d'où il en ré-
sulterait que les bras ne leur manqueraient pas et que la
terre produirait davantage ; de plus : qu'ils n'auraient
pas la honte d'en avoir fait des hommes pour les sacrifier
à la bouche de la mitraille et pour une cause qu'ils ne
comprennent pas, tandis que pour nous, libres-penseurs,
ce n'est pas la cause des peuples, mais bien celle des conquérants et de leurs ambitieux courtisans.

Un grand nombre d'ouvriers des villes me répondront
qu'ils sont bien indifférents à la cause des agriculteurs,
pourvu que les loyers soient réduits selon ce qu'ils étaient

il y a vingt ans, l'allégement des impositions directes et indirectes et la défense à l'étranger de venir à Paris ou en province chercher tous les produits de première consommation, ce qui les rend inabordables de cherté, le travail de l'ouvrier à dix heures et le salaire de la journée à un tiers en plus de ce qu'il était il y a vingt ans.

Toutes ces réclamations contradictoires à la cause commune de la liberté du citoyen et de l'amour de la patrie, du producteur des champs au producteur des ateliers, ne sont autre chose que pour nous faire apprécier qu'il n'y a pas un républicain s'il s'agit des intérêts particuliers, et s'il s'agit des intérêts généraux, tous les travailleurs des champs et des ateliers sont républicains, par la seule raison que les habitants d'une commune n'admettraient pas d'être gouvernés par ceux de la commune voisine, ce qui prouve qu'ils aiment à s'administrer par eux-mêmes et que, par conséquent, ils aiment le gouvernement du pays par le pays ou les principes d'une République; comme aussi il est bien évident que les intérêts particuliers sont toujours en contradiction avec les intérêts généraux; néanmoins, nous devons admettre que cela est précisément ce qui engendre l'animation des peuples qui est le bien salutaire des nations.

J'ai vu dans les campagnes certains hommes inexpérimentés, agissant sous l'influence d'hommes salariés par les anarchistes des partis déchus, entraîner avec eux une masse d'hommes ignorants, ce qu'ils font et se joignant aux vrais républicains, ce qui amène à faire la domination de la République, mais ce qui n'aboutit qu'à l'anarchie républicaine et ce qui arrive à ne plus être tenable, parce que les émissaires des prétendants au trône, qui s'affublent du titre de républicain, agissent par toutes les ruses possibles pour amener le peuple, d'une certaine classe, à détester le gouvernement en vigueur et, par conséquent, à la destruction de la République, seul principe qui convient à tous les honnêtes gens de la terre, qui veulent vivre par eux-mêmes et non aux dépens des autres; ainsi que nous en avons eu le pareil tableau au moment de la déclaration de la guerre à outrance contre l'envahissement de cette armée du conquérant le roi de Prusse, puisque nous avons eu des citoyens assez lâches pour conduire notre armée à la boucherie en vendant les positions des enfants de notre chère patrie au moment où la France avait besoin de tous les citoyens et de tous les partis pour la défense de son sol.; comme aussi, par les insultes absurdes des uns contre les autres, nous avons la majeure partie des citoyens qui se tournent du côté de l'ombre anarchiste qui dévore le principe de la Répnblique et qui est cause de tous les maux qu'auront à souffrir les producteurs et les consommateurs et, principalement, les démagogues qui, au lieu d'avoir su respecter tous les citoyens des quatre partis et demeurer avec les républicains honnêtes et vrais, se sont laissés conduire par ces émissaires des prétendants au trône, qui les ont poussés au désordre en leur promettant ce qu'ils savent très-bien ne jamais pouvoir leur donner ; d'où il en résulte que les plus exaltés des démagogues vont finir en prison et en compagnie des hommes influents du parti qu'on vient de détrôner, par ceux-là même qu'ils ont fait triompher au pouvoir et sans le savoir, ce qui nous prouve que ces pauvres malheureux démagogues sont plus à plaindre qu'à blâmer puisqu'on les enferme ou on les déporte, sachant très-bien que, pour un peu d'argent qu'on leur a donné dans un moment de pénurie, ils arriveraient un jour à être les marche-pieds des nouveaux émissaires d'un parti contraire à

eux, ce qui doit nous faire apprécier que toute la faute de
la démagogie ne provient que de la misère, du manque
d'instruction et du peu de connaissance de l'histoire pas-
sée de tous les souverains ou des trois partis qui sont en
guerre continuelle entre eux pour arriver au pouvoir et
tous les trois contre le quatrième parti, qui est le principe de l'économie, de la justice et de la raison pour faire
triompher la cause des peuples ; c'est pourquoi, nous ne
saurions jamais recommander assez aux enfants de la
France que la plèbe, de nos intérêts et de nos droits, est
les émissaires des têtes couronnées, hommes d'une grande
instruction mais sans cœur qui crïeront, bien fort : Vive
la République ! mais, aussitôt qu'elle est instituée en
gouvernement provisoire, ils attaquent ou font attaquer
par tous les moyens possibles, les honnêtes républicains
qui leur paraissent avoir une certaine influence sur le
peuple pour nous amener à une désorganisation et, pour
preuve, voyez ce qui s'est passé depuis le 4 septembre
jusqu'à ce jour et ce qui a été fait en Espagne sous le
gouvernement Prim ; comme aussi, dans les pays conquis
par les descendants de cette famille Hohenzollern, depuis
la conquête d'une partie du Danemarck jusqu'à l'envahissement de notre chère patrie ; la Prusse a toujours
maintenu des hommes d'une grande instruction et salariés par elle pour résider sur notre territoire afin d'étudier toutes les positions de notre terrain, tout ce qui se
passait chez nous et pour corrompre une partie des citoyens, principalement ceux du pouvoir ; or, depuis
Sadowa, on peut affirmer que l'homme de Sédan fit une
grande faute de ne pas aller au secours de l'Autriche ;
ce qui lui perdit sa couronne et l'influence de la France ;
c'est pourqu'oi lorsque nous avons des hommes d'une
certaine instruction qui poussent aux désordres ou aux

coups de fusil en promettant au peuple ce que l'honneur, la justice et la raison nous disent être impossible à pouvoir satisfaire les besoins des citoyens de toute la nation , c'est de nous en méfier comme d'une vipère et les chasser de nos réunions publiques par les cris à l'ordre; comme aussi, nous devons faire tous nos efforts pour convaincre les citoyens des campagnes et des villes reculées de la capitale, par nos actes et par nos écrits, que si Paris regorge de voleurs, ce n'est que parce que les voleurs, des campagnes et des villes reculées, lorsqu'ils sont trop connus dans leur contrée viennent à la capitale où personne ne se connaît; néanmoins la police de Paris est au courant de ce qu'ils sont et je puis vous en donner une preuve bien évidente par les agents de la sûreté qui, au moment du plébiscite ou la Révolution du faubourg du Temple, avant de quitter leur quartier respectif, allaient faire un tour dans les endroits où se réunissent ce qu'on appelle *les voyous* ; et, s'ils ne se trouvaient pas à leur réunion habituelle, on était certain de les retrouver aux quartiers des émeutiers ; c'est par ces motifs que nous pouvons affirmer aux habitants de la province que sur 416,215 votants à la capitale, nous aurions eu 25,000 voleurs et 25,000 démagogues, qui ne savent pas ce qu'ils font et qui étaient aux barricades; que, sur ce nombre, nous n'avions pas 20,000 hommes qui ont droit de se dire les votants de Paris ; joignons à ces 50,000 hommes, cent mille de curieux, tels que moi et bien d'autres qui avons voulu nous rendre compte, par nous-mêmes de cette composition de populace. Il est assez démontré aux citoyens des campagnes que ce n'est pas une raison pour que la province puisse supposer que la capitale de la France, qui est la tête de l'instruction et de toutes les grandes affaires, qui ont leur étendue sur les quatre parties du globe, désire le désordre plus que la province et, c'est pourquoi, je puis affirmer aux travailleurs des campagnes et villes reculées que ceux de la capitale sont aussi leurs frères de patrie et de souffrance, par les durs travaux qu'ils ont à supporter comme eux, pour subvenir aux premiers besoins de leur famille, soit en restant toute une journée dans un atelier, privés d'air ou suffoqués par la chaleur, ce qui les oblige d'ouvrir les croisées de l'atelier et d'être exposés continuellement entre deux courants d'air qui, chez beaucoup d'entr'eux, engendrent la maladie du chef et ce qui réduit à la misère toute une famille.

Pour sortir les uns et les autres de cette fâcheuse position, est-ce à croire que tel ou tel gouvernement anarchiste qui pourrait surgir de la secousse que nous traversons et qui réduit les affaires dans une si grande pénurie empêcheront les cultivateurs et vignerons de continuer les durs travaux qu'ils ont toujours supporté ? Non.

Peut-on supposer que les durs travaux des ouvriers de la campagne et des villes changeront ? Non.

Par la raison qu'un bon citoyen-paysan, pour rester dans la logique de son droit, ne doit demander, pour lui, que toutes les libertés possibles que peut réclamer son travail et la vente de sa production et vouloir donner à ceux qui font circuler en France et à l'étranger ses produits, comme à tous ceux qui les consomment toutes les libertés possibles qu'il réclame pour lui-même; comme aussi, les ouvriers des villes doivent demander toutes les libertés possibles du commerce que fait agir le capitaliste-négociant, ainsi que toute la sécurité possible des capitaux, ce qui lui permettra d'avoir du travail, puisque c'est lui qui, par sa main-d'œuvre, produit toutes les fabrications de marchandises que le négociant et ses em-

ployés font circuler en France et à l'étranger ; par conséquent, si l'ouvrier donne un produit de sa fabrication, qui
est exporté à l'étranger, de quel droit oserait-il imposer
à l'étranger de ne pas acheter en France les produits que
le paysan est si heureux de vendre le plus qu'il peut ?
Comme aussi, de quel droit le paysan n'accepterait-il pas
que les marchands ou intermédiaires des ouvriers lui
vendent leurs productions le plus qu'ils peuvent ? Il me
semble que cette question est très-délicate et que, du moment où nous demandons la liberté pour la France, il faut
la vouloir pour l'un comme pour l'autre citoyen, sans
faire aucune distinction d'État et de contrée, du Nord au
midi, de l'est à l'ouest de la mère-patrie et, si cette question demande quelques restrictions, elle n'appartient pas
d'être discutée dans une réunion publique, mais bien dans
chaque corps d'état et sanctionnée au Corps législatif, par
les mandataires de toute la France, afin de ne jamais
mettre en division une contrée de la nation contre celle
qui lui est opposée ; seul moyen d'obtenir un arbitrage
dans l'intérêt du pays.

Peut-on supposer d'obtenir la nomination du maire par
la Commune, la séparation de l'Église et l'État, l'instruction gratuite et obligatoire, l'abolition de la conscription
et de l'armée, l'abolition de la gendarmerie, de la police,
des impôts directs et indirects, ainsi que l'abolition des
gros cumuls ? Non... non... cent mille fois non.

Les principes qui maintiennent les gouvernements des
trois partis dont il est parlé ci-dessus ou d'un pouvoir
personnel, s'y opposent ; mais avec le gouvernement du
pays par le pays, selon ce qu'il doit être avec le suffrage
universel libre, nous arriverons à la décentralisation et
nous pourrons obtenir à en détruire plusieurs et à en al-
léger d'autres ; seulement, nous ne devons pas oublier

que la France est tellement endettée que notre premier
devoir est de payer, ce qui ne peut arriver que par l'ordre
et l'économie ; attendu que si nous ne voulions pas respecter le capital de ceux qui l'ont placé sur l'Etat, ils seraient en droit de ne pas respecter nos propriétés.

Pour la nomination du maire de la commune, qui est
la base de la société, le régime d'un gouvernement absolu
est contraire à l'institution ; le maire n'est pas le chef
libre de la commune mais bien l'agent du pouvoir qui, du
sous-préfet au préfet et au ministre de l'intérieur, sont
une armée considérable d'émissaires sous la volonté d'un
seul homme, pour servir une cause contraire à la liberté
du suffrage universel et, pour être selon la logique d'une
liberté réelle et du gouvernement du pays par le pays, afin
d'être en rapport de nos droits et de l'expérience pratique
il faudrait que le maire soit nommé par son conseil municipal et choisi dans son sein dont les membres ont été
nommés par le suffrage universel de la commune ; afin
qu'aussitôt que le maire voudrait dépasser les pouvoirs à
lui confiés par le conseil municipal on puisse le révoquer
instantanément et en nommer un autre à sa place dans
la même séance. Ce qui me prouve que c'est le seul principe légal afin de ne pas laisser les intérêts de la commune en souffrance, c'est qu'il y a des maires qui ne sont
presque jamais dans leur commune et qu'ils ne peuvent
pas être à la disposition des administrés, tandis qu'il serait essentiel qu'il reste avec les mandants et, ce qui m'en
confirme l'urgence, c'est que si nous demandons à un habitant de cette commune, s'il serait possible qu'un citoyen
de la commune voisine puisse connaître les besoins de la
sienne aussi bien que lui ? il nous répondrait que c'est
impossible ; par conséquent, comment voulez-vous qu'un
citoyen de la capitale et même un préfet du département

puissent connaître le maire qui convient aux intérêts de
cette commune ; il me semble que le maire qui est présenté par un sous-préfet, n'est pas le digne mandataire de
ses administrés, mais bien l'agent de telle ou telle opinion
du sous-préfet, qui, lui-même, n'est pas toujours l'expression de la volonté des habitants de son arrondissement ; comme aussi, certains députés, qui ont été nommés dans des circonscriptions où ils n'habitent pas au
moins quatre mois de l'année, ne peuvent pas connaître
les besoins du pays et ne sont pas ses dignes mandataires ;
c'est pourquoi le député d'une circonscription ne devrait
être nommé que dans le chef-lieu d'arrondissement où il
réside quatre mois de l'année afin que tous ses électeurs
puissent connaître s'il est digne de leur confiance ; de
plus, la nomination des préfets et sous-préfets ne devrait
appartenir qu'au conseil général qui est nommé par le
suffrage universel de chaque canton et être pris parmi les
habitants du département ; attendu qu'un préfet qui vient
de l'extrémité de la France ne peut pas connaître les
besoins du pays aussi bien que celui qui est de la localité ;
néanmoins, il y a des citoyens qui prétendent que les
préfets et sous-préfets dont on change souvent la résidence
peuvent porter des améliorations dans les départements ;
je crois pouvoir affirmer que les grandes réformes à faire
dans un département, qui est en retard par ses commu-
nications, par l'exploitation de son sol et l'industrie de
ses villes, ne sont pas de la compétence du préfet, qui ne
sort à peine du chef-lieu de son département, mais bien
des agents-voyer, des expositions agricoles et industriel-
les qui doivent nous apporter des améliorations, ainsi
qu'il est déjà prouvé que ce sont les voies ferrées qui ont
enrichi l'agriculture des pays éloignés des grands centres
de consommation et, à cet effet, je crois devoir vous faire

observer que nous avons en France des contrées qui sont bien en retard et qui, pour en obtenir de plus grandes améliorations, il serait bien plus rationnel que chaque sous-préfecture présente au conseil général des cultiva-teurs intelligents de bonne volonté, de 25 à 30 ans qui, d'après le tirage au sort que ferait le conseil général, en aurait un ou deux, par chaque sous-préfecture, qui se-raient tenus de visiter toutes les écoles d'agriculture des quatre extrémités de la France, pendant une année et aux frais du département afin d'apporter toutes les amé-liorations possibles à l'agriculture, qui est la plus grande richesse de la nation, attendu que lorsque les agriculteurs obtiennent un grand rendement les ouvriers des villes s'en trouvent mieux et il y a bien moins de misère.

Le Corps législatif devrait avoir une constitution répu-blicaine qui serait la base et l'ordre de la société et que le président du pouvoir exécutif, ainsi que ses ministres ne puissent rien faire sans le concours du Corps législatif qui, lui-même, serait tenu de ne jamais dépasser les règle-ments à lui conférés par la constitution républicaine.

Le président du pouvoir exécutif, ainsi que les minis-tres, devraient être responsables de leurs actes devant le Corps législatif en ce qui concerne à chacun ses attribu-tions, seulement, pour ce qui concerne l'ordre et la liberté que réclame la France, nous ne devons pas oublier que les grandes villes et principalement la capitale, ont assez démontré, par leur vote et par leurs actions, qu'elles veulent la République d'ordre et de liberté, tandis que la campagne insouciante, par son manque d'instruction de l'histoire des souverains, donnerait tête baissée dans tous les pièges tendus par les monarques qui veulent vivre, ainsi que leurs courtisans, aux dépens des peuples.

Pour qu'on puisse éviter les révolutions qui désolent la

France afin de la relever de cette catastrophe où elle est
tombée par l'incurie de nos gouvernants qui l'ont préci-
pitée dans cette affreuse guerre, il faut, dans toutes les
grandes villes, une bonne organisation de la garde nationale dont les chefs doivent être choisis par le vote universel des gardes nationaux et avoir bien soin que tout
homme qui n'est pas dans ses meubles ne doit pas être de
la garde nationale, attendu que n'ayant ni position assurée ni aucune fortune, il ne peut pas avoir un fusil chez
lui pour être exposé à ce qu'on le lui vole et à passer en
conseil de guerre ; de cette manière, nous serons certains
que si le service des grandes villes est fait par des gardes
nationaux honorables, le peuple n'aura pas peur qu'on
lui retire la République et il restera tranquille dans ses
ateliers ; de plus, la province ne pourra pas supposer que
les négociants et ouvriers stables dans l'intérieur de leur
famille soient de gens des désordres, surtout qu'en pareille
circonstance, les chefs de la garde nationale, qui n'auraient
cet emploi qu'à titre honorifique, ne pourraient l'occuper
qu'en ayant une grande fortune, ce qui établirait une
confiance réciproque entre les villes et les campagnes.

Pour la séparation de l'Église et l'Etat, c'est tellement
rationnel que je me dis, nous avons en France trois sortes
de religions qui s'unissent pour défendre le sol de la patrie,
lesquelles toutes les trois nous donnent des députés pour
gouverner la France, de sorte que je demanderais bien
aux hommes de bonne foi, si on venait à choisir un président du pouvoir exécutif qui serait protestant ou is-
raélite, ce que pourrait être sa conduite à l'égard du clergé
catholique ? Il me semble que la tête de la religion catholique est à Rome et elle devrait être au spirituel et non
aux causes politiques, seul moyen de faire respecter les
chefs de la religion catholique selon ce qu'ils méritent, du

moment qu'ils voudront bien se renfermer dans la sphère du spirituel qui est toujours en contradiction avec le pouvoir temporel, ce qui engendre des divisions et ce qui oblige certaines croyances de ne pas porter tout le respect que nous devrions avoir pour les chefs de notre religion catholique. Je dois ajouter que je suis né catholique et en vivant avec des protestants et israélites, j'ai été vexé, bien des fois, d'apprécier le respect des citoyens de ces religions à l'égard de leurs ministres, tandis que, chez nous, la majeure partie des citoyens n'ont aucun respect pour l'homme qui nous donne la 1re cérémonie en venant sur terre et la dernière en retournant au néant, il me semble que, ne serait-ce qu'à l'égard de ces deux considérations, le citoyen catholique aurait un plus grand respect pour les docteurs du spirituel si nous avions la séparation de l'Eglise et l'Etat.

Pour l'instruction gratuite et obligatoire, c'est une division entre les citoyens, une atteinte à la liberté et aux droits du père sur l'enfant, par la raison que si vous la rendez obligatoire, vous attaquerez la liberté de chacun, il faut qu'elle soit gratuite pour tous les citoyens et dire que tout Français qui arrivera à l'âge de 21 ans, sans savoir lire et écrire, ne sera pas digne d'être électeur, attendu qu'un citoyen qui ne sait ce qu'il fait quand il va au vote ne doit pas pouvoir influencer sur les élections des députés qui doivent gouverner la nation; de cette manière tous les hommes qui n'auront pu s'instruire, par une cause ou par une autre, seront obligés, par considération pour eux-mêmes, d'aller aux écoles du soir s'ils veulent avoir le droit d'être électeur.

Pour l'abolition de la conscription, il faut que l'armée qui existe actuellement et qui désire rester sous les drapeaux termine son temps afin de donner la facilité à ceux qui se sont fait une position dans ce métier puissent avoir le temps de prendre du service dans la nouvelle organisation, soit dans l'armée active ou l'armée de réserve, attendu qu'en agissant tout autrement vous attaqueriez le droit et la liberté du citoyen qui a servi la patrie jusqu'à ce jour et qui la défendra toujours si elle a besoin de sa personne ; cette organisation de l'armée serait que tout citoyen français doit être soldat pendant un an, sans distinction de richesse ou de pauvreté, afin de former une armée formidable de 87 légions, c'est-à-dire une par chaque département qui nous reste, qui serait dans ses foyers et qui serait considérée l'armée de réserve, attendu que dans le cas où la France viendrait à être attaquée par une nation étrangère, elle se lèverait en masse et avec la plus grande ardeur pour chasser celui qui oserait venir troubler la paix publique de la mère-patrie, ce qui n'arrivera jamais lorsque nous aurons pareille force et pareille réserve, parce que le conquérant qui oserait se permettre une pareille entreprise, serait bien certain de trouver la perte de ses intérêts et de son propre corps et, pour preuve, voyez l'énergie et l'entrain de cette populace de la Suisse pour défendre la liberté de son gouvernement républicain, depuis le plus pauvre jusqu'au plus riche des habitants de cette contrée et ce qui n'aurait pu manquer d'arriver en France cette année si nous avions eu pareille organisation d'armée pour chasser nos ennemis lorsqu'ils ont voulu conquérir la France et nous imposer par leurs influences sur le sol qu'ils occupent, un roi à leur convenance.

Pour l'abolition de la gendarmerie, il faudrait bien au contraire qu'elle soit très-forte et que nous en ayons de fortes brigades dans les grandes villes et principalement à Paris ou aux frontières, laquelle ne serait que pour faire la police et arrêter les voleurs et non pour faire le service d'armée active, attendu qu'à chacun ses attributions le métier en est que mieux fait.

L'armée active ne devrait avoir que les conscrits de l'année et tous les volontaires qui voudraient en faire leur carrière de ce métier, laquelle aurait son commandant en chef qui résiderait à |Paris; les frontières et les colonies seraient sous le commandement des généraux de divisions, lesquels seraient eux-mêmes, ainsi que ceux des départements, sous les ordres du général en chef de Paris, qui serait lui-même sous la domination du Corps législatif et non du Président du pouvoir exécutif, afin qu'il ne puisse marcher contre les enfants de la nation et contre une armée ennemie, sans avoir reçu des ordres formels et discutés par le Corps législatif, seul moyen de ne jamais faire une guerre aventureuse et de ne jamais provoquer les révolutions qui désolent le pays et qui sont bien plus pénibles qu'une guerre de nation à nation.

L'armée de réserve serait de quatre catégories, la première de 21 à 25 ans, la deuxième de 25 à 30 ans, la troisième de 30 à 40 ans et la quatrième de 40 à 60 ans. Toute cette réserve de 21 à 60 ans serait considérée comme garde nationale et, dans le cas où l'armée active ne serait pas assez forte pour garder nos frontières et nos colonies, le Corps législatif pourrait faire un appel à la quantité d'hommes qu'on jugerait à propos de prendre dans le cadre de la première réserve et même autoriser le remplacement volontaire, qui ne devrait être autre chose qu'une permutation entre l'appelé et le non appelé; sauf à se conformer aux règlements de la garde nationale, si on n'était pas de l'armée en campagne, c'est-à-dire que tout homme qui n'aurait pas de position assurée pour son existence pourrait bien faire partie de l'armée en campagne selon l'ordre de son appel, puisqu'il serait aux frais du Gouvernement. Mais il ne pourrait pas être de la garde nationale sédentaire, puisque tous les frais devraient être à la charge des gardes nationaux, sauf l'équipement et l'habillement.

Pour l'abolition de la police c'est dérisoire, par la raison que tous les voleurs de toute la France se réfugiant à Paris, il nous faudra toujours des citoyens en bourgeois pour arrêter les voleurs et pour maintenir l'ordre ; seulement, au lieu de rester sous la domination du Gouvernement ou du Pouvoir exécutif, ils ne devraient être que sous les ordres des Préfets de chaque département, de manière à ne jamais être les émissaires de la politique mais bien les gardiens de la paix publique et être payés aux frais de la ville de leur résidence.

Le Préfet de la capitale devrait être nommé par les vingt Maires de Paris qui, eux-mêmes, seraient nommés par le Conseil municipal de chaque arrondissement, comme le Conseil municipal serait nommé par le suffrage universel de ses administrés ; Sceaux et Saint-Denis, c'est-à-dire tout ce qui est en dehors des fortifications, devraient appartenir au département de Seine-et-Oise ; et la capitale de la France devrait être ville libre.

Pour l'abolition des impôts directs, un bon citoyen doit se convaincre que son premier devoir est le respect à la justice et à l'honneur de l'État et que, pour cela, il faut avant tout, diminuer les charges publiques qui pèsent sur la France, attendu que plus la dette publique s'aggravera et plus les charges de chaque citoyen seront lourdes, car il serait bien injuste qu'on ruine les citoyens qui ont placé leur avoir sur l'État pour être agréables à ceux qui n'en ont pas.

Pour l'abolition des impôts indirects, qui seraient un

principe de charité et un si grand bien pour la consommation et la production, c'est-à-dire pour les travailleurs des champs et des villes, qui sont la masse du peuple, on ne peut y arriver que du jour où on aura fait de grandes réformes sur le budget de l'État ou qu'on transporterait les dites impositions sur les objets de luxe, ce qui nous permettrait de les anéantir successivement et alors, les consommateurs n'auraient plus à payer ces lourdes charges d'une imposition ridicule qui pèse sur les objets de première consommation et qui ruine les propriétaires et cultivateurs producteurs, aussi bien que les ouvriers et négociants consommateurs.

Les employés des droits réunis me diront que j'attaque leur existence par la position qui leur est faite dans cette branche d'industrie; je puis leur certifier que je suis bien loin d'avoir cette prétention, puisque je prétends que si on venait à les retirer de l'intérieur de la France, on doit les récompenser par un emploi équivalant le leur sur les frontières pour tous ceux qui voudraient continuer la même carrière, ou les indemniser de toute autre manière, attendu que nous serions injustes à l'égard de tous les pères de famille et d'un certain âge, si on venait à retirer le pain de leurs enfants, comme aussi, il devrait en être de même pour tous les vieux serviteurs qui ont servi le Gouvernement, sauf que l'on abolirait tous les emplois superflus au fur et à mesure que le trépas le réclamerait.

Pour l'abolition des gros cumuls qui sont l'objet de plaintes plus ou moins fondées, il est impossible de les détruire, par la raison que, du moment où nous aurons une tête couronnée et à vie ou un président-dictateur, nous aurons toujours des prétendants à cet emploi qui, lorsqu'ils y seront arrivés, chercheront à faire un coup d'État pour s'approprier la couronne ; comme aussi, nous aurons toujours des partisans qui lutteront contre tout ce qui existera, ce qui oblige la tête couronnée ou le dictateur de les calmer du mieux qu'il peut et pour cela, il lui faudra toujours un grand entourage d'ambitieux courtisans qui n'en ont jamais assez et qui domineront toujours dans les conseils du souverain où alors il faut que l'argent du peuple paye les honneurs faits à son souverain qui gouverne la nation en maître absolu sous l'influence des courtisans et non sous l'influence des mandataires du pays ; puisque les députés eux-mêmes ne sont pas toujours l'expression de la volonté nationale mais bien les représentants de différentes influences plus ou moins anarchistes ; de plus, nous aurons souvent des petites guerres intestines pour assouvir les ambitions ou les haines des souverains ou dictateurs, qui ne sont pas toujours bien éclairés sur les besoins du peuple et qui, bien souvent, agissent plutôt à l'instigation des ambitieux courtisans qui ont, pour principe, la ruse de vouloir tenir les peuples sous la terreur ou l'ignorance afin que la République universelle ne puisse exister, parce qu'ils savent très-bien qu'à partir du jour où elle arrivera leur règne n'existera plus au détriment des peuples ; attendu que les soldats de l'agriculture et des ateliers n'aiment pas la guerre mais bien la liberté et la libre concurrence des affaires commerciales, par la raison que le père de famille en voyant partir son enfant pour le sacrifier à la bouche d'un canon, cause de tant de larmes de son épouse, ce n'est que pour servir l'ambition ou la haine de l'un des deux souverains ou de leurs ambitieux courtisans et non la cause des peuples.

En organisant la société avec des principes républicains, d'ordre et de liberté qui sont la justice d'homme à homme, nous aurons la confiance du commerce et l'emploi des capitaux sur une grande échelle, parce qu'il y aura sécurité publique pour l'un comme pour l'autre des citoyens, ce qui nous amènera à une grande extension des affaires commerciales, seule branche d'industrie qui permet à tous les travailleurs honnêtes des villes et campagnes d'avoir du pain pour eux et pour leurs enfants; par la raison que, par suite de la facilité des transports de marchandises, il y a de quoi occuper tous les hommes industrieux; comme aussi, par cette même facilité de voyager, les peuples d'Europe se concerteront et s'apprécieront, ce qui leur permettra d'apprendre que les ennemis de la nation ne sont plus à l'extérieur des frontières mais bien parmi nous, lesquels cherchent à empêcher tous les peuples de la terre et de toutes les religions à se tendre la main pour assouvir leurs intérêts particuliers, qui doivent être considérés les ennemis de la nation et, pour preuve de ce que j'avance, je puis vous assurer que si le roi de Prusse et l'homme de Sédan n'avaient eu aucun droit de gouverner en maîtres absolus, nous n'aurions pas eu le triste fléau de la guerre de 1870, qui a détruit autant de braves citoyens et fait verser autant de larmes des deux côtés; attendu que si le peuple d'Allemagne et celui de la France avaient été consultés sur les vrais motifs du dissident des deux nations, nous aurions évité le grand désastre, qui est une ruine pour la France et un déshonneur pour les citoyens de l'Allemagne, ainsi que l'histoire future nous le démontrera; comme aussi, dans tous les pays, il y a des hommes sans fortune qui veulent vivre sans rien faire, ce qui ne peut faire autrement de les conduire à être des voleurs et plus tard des assassins dont il faut une forte police et une forte gendarmerie pour faire respecter les honorables citoyens et maintenir

la sécurité publique; mais quant à l'armée permanente,
elle est inutile dans toutes les nations civilisées; seulement, j'ai l'honneur de vous faire observer que pour en
arriver à cette grande réforme de civilisation, qui serait
le bonheur de tous les honnêtes gens de la terre, il ne
faut pas être des citoyens systématiques, mais bien des
citoyens d'ordre, de calme, de progrès et de libre discussion de la liberté, seul moyen pour anéantir les routines,
les mauvais préjugés, et faire jaillir la lumière sur l'ignorance afin qu'ils comprennent le droit et le devoir de
chaque citoyen ; le pauvre doit chercher à s'élever par son
instruction, son industrie et l'ordre de son travail ; le
riche, qui n'a plus besoin de travailler, doit aider l'instruction et propager le morale, ainsi que de faire la charité du mieux qu'il peut ; et, si le riche veut savoir ce
que souffrent certaines classes de ses semblables, qui
sont chargés de famille et qu'on appelle bien souvent la
démagogie, dans des moments de révolutions, qu'il
veuille bien faire son aumône lui-même et à domicile, il
pourra apprécier que, parmi les pauvres, il y a des êtres
de la grande création qui ont du cœur et qui mériteraient
qu'on s'occupe d'eux un peu plus qu'on ne le fait ; mais,
s'il ne juge pas à propos de faire son aumône lui-même,
qu'il sache demander à son intermédiaire un reçu de la
famille nécessiteuse pour qu'il puisse, quand bon lui
fera plaisir, contrôler les aumônes de son année ; il
apprendra que son argent a été donné à des personnes
qui n'en ont pas besoin et d'autres qui en auraient bien
besoin, ne reçoivent rien ; ce qui m'a déterminé à faire
cette remarque pour la porter à la connaissance des gens
riches et charitables, c'est que j'ai eu occasion de faire
différentes pétitions pour des gens pauvres, ce qui m'a
permis d'apprécier qu'un grand nombre des gens riches

font faire leurs aumônes par des maisons religieuses, lesquelles ont pour habitude d'en garder une partie pour leur congrégation et l'autre de la donner à des tartuffes qui vont deux ou trois fois par semaine à confesse, ce qui leur permet de vivre comme des rentiers, tandis que la bonne mère de famille qui a autre chose à faire que de perdre son temps au confessionnal ne peut jamais rien obtenir et on la laisserait bien mourir de faim, ainsi que ses malheureux enfants, ce qui n'est pas fait pour encourager les mères de famille à rester honnêtes femmes.

Pour ce qui concerne notre droit de citoyen, sans vouloir empiéter sur celui d'autrui, c'est-à-dire vouloir pour les autres ce que nous voudrions bien pour nous-mêmes afin d'éviter les guerres et les révolutions, c'est de ne jamais s'occuper de la conduite intérieure d'un souverain, ni d'un président du pouvoir exécutif, qui sont sur un trône ou au fauteuil d'une présidence, ainsi que de leur famille ne devant les considérer que comme de simples citoyens, leur laissant le droit de dépenser leurs millions de fortune avec la même liberté que nous prétendons avoir le droit de dépenser notre faible salaire de travailleurs des campagnes et des villes et, sachons-nous renfermer dans notre sphère et faire comprendre à tous les citoyens honorables que ceux qui critiquent l'intérieur d'un souverain ou d'un président au pouvoir exécutif, ne servent pas la cause de la France, mais bien les partis contraires à la cause commune de la mère-patrie.

Lorsqu'a eu lieu la concurrence du général Cavaignac au prince Louis Napoléon pour la présidence de la République, je faisais partie de tous les employés de la librairie des Mystères du Peuple; tous ont voté comme moi pour le général Cavaignac parce qu'il était facile de prévoir qu'un descendant de souverain ne pouvait faire autrement que de se laisser influencer par son nombreux entourage de famille et tous ses ambitieux courtisans afin d'arriver à un coup d'État pour s'approprier le pouvoir absolu et satisfaire ainsi à leurs intérêts particuliers.

Au moment du coup d'état de l'homme de Sédan, j'ai été appelé à l'imprimerie du journal *la Presse* pour aider, selon mes moyens, à trois citoyens hauts placés en renom pour déclarer la République universelle si le coup d'État n'avait pas réussi ; ma confiance était bien forte pour les trois citoyens dont j'étais l'employé d'un, parce que je n'avais que vingt ans et que je ne pouvais croire que l'homme était capable de dire, en politique comme dans tous les actes, le contraire de sa pensée, par la raison que je n'avais pas étudié les causes politiques, ainsi que l'influence de l'intérêt particulier qui gouverne les hommes ; mais, plus tard, j'ai été bien obligé de reconnaître que c'est à celui qui peut attraper la plus belle part du bâtiment, qui est sur le point de faire naufrage.

Pendant que j'ai resté avec mes collègues de la librairie, je les croyais tous républicains ; malheureusement pour moi, je n'avais pas assez d'expérience et il était trop tard quand j'ai reconnu que, lorsqu'il s'agissait de leurs intérêts particuliers, il n'y avait pas un républicain, et, je puis même ajouter qu'il y en a eu qui ont poussé l'hypocrisie bien plus loin que je n'aurais pensé. Tandis que, lorsqu'il s'agit des intérêts généraux, tous les travailleurs des champs et ateliers sont des républicains, et même un grand nombre de campagnards qui le sont et sans le savoir, parce que c'est le seul principe qui peut amener le bien-être des producteurs et consommateurs, par l'amortissement de la dette publique qui ruine les nations, mais toujours à la condition expresse que leurs intérêts particuliers ne soient pas en jeu ; ce qui nous prouve que le

gouvernement du pays par le pays, qui attaque les privi-
léges des têtes couronnées, des gros cumuls ou tous les
ambitieux courtisans, ne pourra jamais s'établir par les
coups de fusil qui n'amènent que la division des peuples,
mais bien par la libre discussion de la liberté de nos
droits, par le vote universel libre, et par l'instruction de
la politique des souverains en parallèle de celle de la république d'ordre et de liberté que nous devons propager
dans toutes les nations, seul moyen d'arriver à l'union
de tous les citoyens de la France et de tous les partis,
par les lois de la raison et l'énergie des gens honorables.

Lorsque les citoyens se réunissent pour discuter les
intérêts du pays, je prétends que nous dépassons notre
droit si nous sortons des intérêts de notre contrée ou de
notre corporation, par la raison que le menuisier ne sait
pas conduire la forge, et que le forgeron ne sait pas conduire la varlope, et, par conséquent, à chacun son métier, le travail en est que mieux fait ; comme en discu-
tant les intérêts de la capitale ou département de la
Seine, nous sommes dans notre droit, mais nous ne
sommes pas compétents pour discuter les intérêts du département de la Gironde, et comme les habitants de Bor-
deaux n'ont pas le droit de venir discuter les intérêts de
Paris ; c'est pourquoi lorsqu'il s'agit de discuter les intérêts de la France, pour l'importation ou l'exportation des
marchandises, ce n'est pas le peuple de telle ou telle contrée, mais bien les députés de toute la France qui, d'après
les examens de différentes commissions, peuvent décider
sur ce que réclament les besoins de la nation.

Pour ce qui concerne nos droits sur la conduite de son
mandataires au Corps législatif, c'est à nous de les bien
choisir et d'étudier leurs actes pendant qu'ils siégent, et
d'attendre l'expiration du mandat que nous leur avons

confié pour savoir s'ils sont dignes de notre confiance ou de notre mépris. Attendu que je n'admets pas que, dans des réunions publiques, des soi-disants républicains puissent attaquer avec des expressions ignobles des mandataires d'une contrée qui n'est pas la leur, et qui plus est, c'est que ce mandataire peut convenir à des citoyens d'une opinion opposée à eux, donc il n'y a que le vote universel de la contrée qui doit en décider ; surtout que ces orateurs qui se plaisent à faire de la critique ridicule et grossière, ne sont que des gens salariés par tel ou tel parti qui veut écraser la République. C'est pourquoi, je puis affirmer aux citoyens de bonne foi que, tous ces orateurs qui n'ont que la haine sur les lèvres et qui se servent du titre de républicain, sont plus nuisibles à la cause des peuples qu'un royaliste de la branche aînée des Bourbons, condamnée par tous les peuples d'Europe qui sont de libres penseurs et qui ne demandent pour eux que ce qui est accordé légalement à leurs semblables ; c'est par cette raison que si nous voulons être de dignes citoyens de progrès et de liberté, c'est de comprendre notre devoir et d'encourager nos députés à venir au milieu des réunions publiques pour nous éclairer de leur lumière politique, afin que chaque Français puisse comprendre l'honneur et le devoir que lui impose la liberté et l'ordre de la mère-patrie ; comme aussi, par l'expérience de ce qui s'est passé pendant les derniers temps du gouvernement de l'homme de Sédan, nous devons avoir assez de discernement pour comprendre que les députés de la gauche, par leur minorité, ne pouvaient rien faire ; néanmoins, comme la cause qu'ils défendaient était de toute justice, nous avons pu voir que le nombre s'est agrandi, et que le centre gauche n'était pas éloigné du premier pas qui doit nous amener le gouvernement réel du pays par le pays. Mais si nous ne savons pas réserver toute notre considération pour les hommes qui défendent la cause des peuples, nous les décourageons à un tel point qu'ils abandonnent la cause de la France pour ne s'occuper que de leurs intérêts particuliers, où alors le peuple ne peut s'en prendre qu'à son insouciance et à sa propre ingratitude ; ce qui me le prouve, c'est la conduite de certains citoyens de la défense nationale pendant le siége de la capitale. De plus, j'admets très-bien que parmi les députés de la gauche, il y en avait qu'on pouvait qualifier d'irréconciliables, puisqu'ils ne s'étaient posés à ce banc de gauche que comme haine contre le pouvoir régnant, et non dans le but de défendre les intérêts de la France ; mais ce qu'il y a de bien certain, c'est que la loi de la raison finira par connaître les hommes qu'elle doit nommer aux élections suivantes, et qu'on a nullement à s'inquiéter des citoyens irréconciliables.

Lorsque le gouvernement de l'homme de Sédan a présenté son plébiscite, s'il avait abandonné franchement le pouvoir personnel, j'aurais voté OUI afin de l'encourager à continuer toutes les réformes que réclamait la gauche au nom de ses mandants, mais lorsque le plébiscite est arrivé avec une dizaine d'articles de la constitution pour qui j'aurais dis OUI et tout le reste pour qui j'aurais dis NON, et cent fois NON, j'ai trouvé que la seule réponse qu'on pouvait faire au gouvernement était l'abstention ou le mépris d'une telle constitution.

La cause des peuples de toute la terre, serait le principe de la République ; mais, pour la conserver, il faut être modérés les uns et les autres ; dans les réunions publiques, il ne faut pas donner raison aux hommes qui veulent faire couler le sang du peuple dans les rues et il faut faire comprendre à tous les citoyens que le plus

grand des monarques doit être respecté aussi bien que
le plus humble des prolétaires, mais qu'il ne doit être
qu'un simple citoyen à l'égard de la nation ; comme aussi,
il ne faut pas défendre l'intérêt de l'ouvrier contre celui
de l'agriculteur, parce que nous nous trouverions toujours
en contradictions continuelles avec les causes générales
qui doivent former les principes de la République, par la
raison que la logique des aspirations des peuples est de
ne s'occuper que des intérêts de la mère-patrie et vouloir
donner à nos semblables ce que nous voudrions bien pour
nous-mêmes, depuis le plus pauvre jusqu'au plus riche et
sans vouloir faire aucune distinction des croyances de
telle ou telle religion, attendu que tous ceux qui tra-
vaillent, selon leurs industries et leurs moyens, sont les
enfants de la France qui viennent en aide aux autres
citoyens de la mère-patrie; ce qui ne peut être résolu légalement que par le Corps législatif qui représente toute
la nation.

Par ces motifs,

Citoyens des campagnes et des villes, jeunes et vieux,
il est temps de sortir de notre insouciance et d'abandonner ces haines politiques de telles ou telles classes de la
société pour ne s'occuper que de la cause commune, qui
est l'intérêt du drapeau de la France et du progrès des
nations, à moins de nous précipiter, de nouveau, dans un
désastre bien plus grand que cette guerre de 1870-1871 ;
et pour cela, il faut demander l'ordre, la liberté et le main-
tien de la République; à cet effet, il faut qu'on nous
accorde la nomination du maire par son conseil municipal depuis la plus petite commune jusqu'à la capitale,
ce qui établira la liberté de ce fonctionnaire, qui ne
dépendra plus du choix de telle ou telle influence, mais
bien du suffrage universel de ses administrés et de la con-

corde de la majorité de ceux qui doivent siéger avec lui;
certaines personnes me répondront que le maire doit être
celui des conseillers qui a obtenu le plus de voix comme
membre du Conseil municipal, je prétends qu'il serait
bien plus rationnel, pour établir l'union entre les conseillers, que ce soit eux, qui sont issus du suffrage universel,
de choisir leur chef; attendu qu'ils sont plus compétents
pour reconnaître les aptitudes du citoyen qui doit les
présider que les paysans et ouvriers qui agissent par
telles ou telles influences de la commune; d'autres citoyens me diront que les grandes villes sont tellement
composées de démagogie qu'il est de la sécurité publique de
laisser cette nomination au pouvoir exécutif, je dois vous
faire observer que je prétends que cette contradiction en-
gendrera des jalousies dans les grandes villes et que ce
sera une discorde entre les citoyens de ces communes et
le gouvernement et que, pour la tranquillité du pouvoir
exécutif, il faut donner aux grandes villes les mêmes
droits de la petite commune, ne pouvant pas avoir en
France deux poids et deux mesures; attendu que ce n'est
pas le maire qui peut empêcher les révolutions, mais bien
la justice et la concorde de tous les citoyens, par des lois
sévères et réciproquement justes.

Cette grande réforme accomplie, je crois vous faire observer que comme le pouvoir absolu ne doit dépendre que de
nos députés ou mandataires des citoyens de toute la nation, il est essentiel de bien étudier nos députés avant de
leur donner nos voix, comme aussi nous devons nous
éclairer réciproquement et ne les accepter qu'autant
qu'ils résideront avec nous pendant quatre mois de l'année et qu'ils viendront dans la contrée où ils sont nommés,
aux réunions publiques des citoyens, afin de nous éclairer sur la conduite qu'ils désirent tenir auprès du Gou-

vernement ; comme aussi ils devront tenir au moins deux meetings par année pour éclairer les citoyens du pays qui leur ont confié un mandat aussi délicat : de cette manière, les campagnes s'instruiront des causes politiques, ce qui leur permettra de choisir des députés selon l'expression de la volonté nationale ; pour cela, il faut que la circonscription soit le plus aggloméré que faire se pourra ; de plus, il faut avoir soin de ne pas nommer des députés au-dessus de 55 ans, afin qu'ils aient l'énergie et l'activité nécessaires à pouvoir défendre la cause du peuple, comme aussi, avoir soin de ne jamais choisir, autant que possible, des citoyens de ces familles de souverains ; dès lors, nos députés seront les dignes mandataires de la volonté nationale, ce qui nous permettra de dire que nous aurons fait un grand pas à la cause commune de la liberté, l'ordre et le progrès que réclame la France ; seulement, un bon citoyen qui veut la justice réciproque doit demander à ce que tous les enfants de la Patrie depuis la famille aînée des Bourbons, la famille d'Orléans, la famille Bonaparte jusqu'au plus humble des prolétaires puissent vivre sous le soleil de la France avec toute la liberté d'un simple citoyen, mais à la condition expresse que les tribunaux puissent les poursuivre, lorsqu'ils manqueront à la loi de la Constitution, aussi bien que le plus humble des prolétaires, seul moyen d'arriver à la justice et à la concorde de tous les partis, ainsi qu'à la destruction de ces haines qui engendrent des divisions et qui nous conduisent aux désastres des révolutions.

Le Président de la République ne pourrait faire aucun décret et il ne serait lui-même qu'un simple citoyen député qui aurait la gestion des affaires de la France d'après pouvoirs que lui conférerait le Corps législatif, lequel décrèterait les lois d'après le suffrage universel des mandataires de la nation après mùrs examens des commissions et ne seraient exécutoires que par les magistrats des tribunaux, qu'ils seraient eux-mêmes nommés par le suffrage universel des hommes de loi du département où ils doivent siéger et sanctionnés par le Président du pouvoir exécutif ; comme aussi, l'armée active ne serait que sous les ordres du général en chef de Paris et non du Président du pouvoir exécutif, par la raison qu'avec une pareille décentralisation on ne puisse jamais faire un coup d'État ni aucune guerre sans avoir fait de mûres réflexions au Corps législatif ; mais pour en arriver à une pareille décentralisation, il faut soutenir les députés ou les orateurs qui se joindront à la cause des peuples avec toute la force de notre intelligence pour réclamer ce qui est juste et nécessaire aux besoins et à la cause commune, celle de la patrie, ce qui nous permettra d'organiser la société française avec des principes qui ne pourront faire autrement que de conduire tous les enfants de la France et tous les partis à l'union et à la gloire des peuples !

PANDARY-JOUBERTON.

CLERMONT—FERRAND, IMPRIMERIE G. MONT—LOUIS.

www.ingramcontent.com/pod-product-compliance
Lightning Source LLC
Chambersburg PA
CBHW061648050726
47598CB00004B/1499